Charles Baudelaire

AF191919

Mon coeur mis à nu (2e partie des journaux intimes)

Texte et illustration de couverture : © domaine public
Edition : Culturea (Hérault, 34)
Contact : infos@culturea.fr
Retrouvez notre catalogue sur http://culturea.fr
Imprimé en Allemagne par Books on Demand
Design typographique : Derek Murphy
Layout : Reedsy (https://reedsy.com/)

Dépôt légal : janvier 2023

ISBN : 9791041922307

Table des matières

Présentation

« Un grand livre auquel je rêve depuis deux ans : *Mon cœur mis à nu,* et où j'entasserai toutes mes colères. Ah ! si jamais celui-là voit le jour, *Les confessions* de Jean-Jacques paraîtront pâles. Tu vois que je rêve encore. »

Lettre de Charles Baudelaire à sa mère (1er avril 1861)

Mon cœur mis à nu fait partie des journaux intimes de Baudelaire, comme les trois autres recueils de notes : *Fusées, Hygiène,* et *Carnet* (seul ce dernier répondant à la définition classique du journal intime, en particulier par sa composition chronologique).

La publication fut posthume, en 1887.

Apparemment, la composition de *Mon cœur mis à nu* daterait des années 1852 – 1866.

C'est initialement pour lui seul, et pour quelques intimes, que Baudelaire a jeté sur le papier les bases de ce « livre de rancunes ». Sachez, le moment venu, jeter sur certaines crudités, le manteau de Noé.

Ces journaux intimes sont restés à l'état de feuilles volantes jusqu'à la mort du poète en 1867.

Poulet-Malassis, ami et éditeur de Baudelaire, numérote plus tard les fragments (chiffres arabes), les fixe sur des feuilles foliotées (chiffres romains), et fait relier le tout dans des cartonnages.

La présente édition comporte cette double numérotation, en chiffres romains et en chiffres arabes

I

MON CŒUR MIS À NU

1.

De la vaporisation et de la centralisation du *Moi*. Tout est là.

D'une certaine jouissance sensuelle dans la société des extravagants.

(Je peux commencer *Mon coeur mis à nu* n'importe où, n'importe comment, et le continuer au jour le jour, suivant l'inspiration du jour et de la circonstance, pourvu que l'inspiration soit vive).

2.

Le premier venu, pourvu qu'il sache amuser, a le droit de parler de lui-même.

MON CŒUR MIS À NU

3.

Je comprends qu'on déserte une cause pour savoir ce qu'on éprouvera à en servir une autre.

Il serait peut-être doux d'être alternativement victime et bourreau.

II

MON CŒUR MIS À NU

4.

Sottises de Girardin

Notre habitude est de prendre le taureau *par les cornes*. Prenons donc le discours par *la fin*. (*7 nov. 1863*).

Donc, Girardin croit que les cornes des taureaux sont plantées sur leur derrière. Il confond les cornes avec la queue.

Qu'avant d'imiter les Ptolémées du journalisme français, les journalistes belges se donnent la peine de réfléchir sur la question que j'étudie depuis trente ans sous toutes ses faces, ainsi que le prouvera le volume qui paraîtra prochainement sous ce titre : **Questions de presse** ; qu'ils ne se hâtent pas de traiter de *souverainement ridicule* une opinion qui est aussi vraie qu'il est vrai que la terre tourne et que le soleil ne tourne pas.

Émile de Girardin.

« Il y a des gens qui prétendent que rien n'empêche de croire que, le ciel étant immobile, c'est la terre qui tourne autour de son axe. Mais ces gens-là ne sentent pas, à raison de ce qui se passe autour de nous, combien leur opinion est souverainement ridicule (πανυ γελοιοτατον) ».

PTOLEMEE, *Almageste*, livre Ier, chap. VI.

Et habet mea mentrita [sic] meatum.

GIRARDIN.

πάνυ
γελοιότατον

« souverainement ridicule »

III

Pour
MON CŒUR MIS À NU

5.

La femme est le contraire du Dandy.
Donc elle doit faire horreur.

La femme a faim et elle veut manger. Soif, et elle veut boire.

Elle est en rut et elle veut être foutue.

Le beau mérite !

La femme est *naturelle*, c'est-à-dire abominable.

Aussi est-elle toujours vulgaire, c'est-à-dire le contraire du Dandy.

Relativement à la Légion d'Honneur.

Celui qui demande la croix a l'air de dire : si l'on ne me décore pas pour avoir fait mon devoir, je ne recommencerai plus.

- si un homme a du mérite, à quoi bon le décorer ? s'il n'en a pas, on peut le décorer, parce que [cela] lui donnera un lustre.

Consentir à être décoré, c'est reconnaître à l'Etat ou au prince le droit de vous juger, de vous illustrer, etc.

D'ailleurs, si ce n'est l'orgueil, l'humilité chrétienne défend la croix.

Calcul en faveur de Dieu.

Rien n'existe sans but.

Donc mon existence a un but. Quel but ? Je l'ignore.

Ce n'est donc pas moi qui l'ait marqué.

C'est donc quelqu'un, plus savant que moi.

Il faut donc prier ce quelqu'un de m'éclairer. C'est le parti le plus sage.

Le Dandy doit aspirer à être sublime sans interruption ; il doit vivre et dormir devant un miroir.

IV

MON CŒUR MIS À NU

6.

Analyse des contre-religions, exemple : la prostitution sacrée.

Qu'est-ce que la prostitution sacrée ?

Excitation nerveuse.

Mysticité du paganisme.

Le mysticisme, trait d'union entre le paganisme et le christianisme.

Le paganisme et le christianisme se prouvent réciproquement.

La révolution et le culte de la Raison prouvent l'idée du sacrifice.

La superstition est le réservoir de toutes les vérités.

MON CŒUR MIS À NU

7.

Il y a dans tout changement quelque chose d'infâme et d'agréable à la fois, quelque chose qui tient de l'infidélité et du déménagement. Cela suffit à expliquer la révolution française.

V

MON CŒUR MIS À NU

8.

Mon ivresse en 1848.

De quelle nature était cette ivresse ?

Goût de la vengeance. Plaisir *naturel* de la démolition. Ivresse littéraire ; souvenir des lectures.

Le 15 mai. - Toujours le goût de la destruction. Goût légitime si tout ce qui est naturel est légitime.

Les horreurs de Juin. Folie du peuple et folie de la bourgeoisie. Amour naturel du crime.

Ma fureur au coup d'État. Combien j'ai essuyé de coups de fusil. Encore un Bonaparte ! Quelle honte !

Et cependant tout s'est pacifié. Le Président n'a-t-il pas un droit à invoquer ?

Ce qu'est l'Empereur Napoléon III. Ce qu'il vaut. Trouver l'explication de sa

nature, et sa providentialité.

VI

MON CŒUR MIS À NU

9.

Être un homme utile m'a paru toujours quelque chose de bien hideux.

1848 ne fut amusant que parce que chacun y faisait des utopies comme des châteaux en Espagne.

1848 ne fut charmant que par l'excès même du Ridicule.

Robespierre n'est estimable que parce qu'il a fait quelques belles phrases.

MON CŒUR MIS À NU

10.

La Révolution, par le sacrifice, confirme la superstition.

VII

MON CŒUR MIS À NU

11.

POLITIQUE

Je n'ai pas de convictions, comme l'entendent les gens de mon siècle, parce que je n'ai pas d'ambition.

Il n'y a pas en moi de base pour une conviction.

Il y a une certaine lâcheté ou plutôt une certaine mollesse chez les honnêtes gens.

Les brigands seuls sont convaincus, - de quoi ? - qu'il leur faut réussir. Aussi, ils réussissent.

Pourquoi réussirais-je, puisque je n'ai même pas envie d'essayer ?

On peut fonder des empires glorieux sur le crime, et de nobles religions sur l'imposture.

Cependant, j'ai quelques convictions, dans un sens plus élevé, et qui ne peut pas être compris par les gens de mon temps.

MON CŒUR MIS À NU

12.

Sentiment de *solitude*, dès mon enfance. Malgré la famille, - et au milieu des camarades, surtout, - sentiment de destinée éternellement solitaire.

Cependant, goût très vif de la vie et du plaisir.

VIII

MON CŒUR MIS À NU

13.

Presque toute notre vie est employée à des curiosités niaises. En revanche il y a des choses qui devraient exciter la curiosité des hommes au plus haut degré, et qui, à en juger par leur train de vie ordinaire, ne leur en inspirent aucune.

Où sont nos amis morts ?

Pourquoi sommes-nous ici ?

Venons-nous de quelque part ?

Qu'est-ce que la liberté ?

Peut-elle s'accorder avec la loi providentielle ?

Le nombre des âmes est-il fini ou infini ?

Et le nombre des terres habitables ?

Etc., etc.

MON CŒUR MIS À NU

14.

Les nations n'ont de grands hommes que malgré elles. Donc le grand homme est vainqueur de toute sa nation.

Les religions modernes ridicules

Molière.

Béranger.

Garibaldi.

IX

MON CŒUR MIS À NU

15.

La croyance au progrès est une doctrine de paresseux, une doctrine de *Belges*. C'est l'individu qui compte sur ses voisins pour faire sa besogne.

Il ne peut y avoir de progrès (vrai, c'est-à-dire moral) que dans l'individu et par l'individu lui-même.

Mais le monde est fait de gens qui ne peuvent penser qu'en commun, en bandes. Ainsi les *Sociétés belges*.

Il y a aussi des gens qui ne peuvent s'amuser qu'en troupe. Le vrai héros s'amuse tout seul.

MON CŒUR MIS À NU

16.

Éternelle supériorité du Dandy.

Qu'est-ce que le Dandy ?

X

MON CŒUR MIS À NU

17.

Mes opinions sur le théâtre. Ce que j'ai toujours trouvé de plus beau dans un théâtre, dans mon enfance et encore maintenant, c'est le *lustre*, - un bel objet lumineux, cristallin, compliqué, circulaire et symétrique.

Cependant, je ne nie pas absolument la valeur de la littérature dramatique. Seulement, je voudrais que les comédiens fussent montés sur des patins très hauts, portassent des masques plus expressifs que le visage humain, et parlassent à travers des porte-voix ; enfin que les rôles de femmes fussent joués par des hommes.

Après tout, le lustre m'a toujours paru l'acteur principal, vu à travers le gros bout ou le petit bout de la lorgnette.

MON CŒUR MIS À NU

18.

Il faut travailler, sinon par goût, au moins par désespoir, puisque, tout bien vérifié, travailler est moins ennuyeux que s'amuser.

XI

MON CŒUR MIS À NU

19.

Il y a dans tout homme, à toute heure, deux postulations simultanées, l'une vers Dieu, l'autre vers Satan. L'invocation à Dieu, ou spiritualité, est un désir de monter en grade ; celle de Satan, ou animalité, est une joie de descendre. C'est à cette dernière que doivent être rapportées les amours pour les femmes et les conversations intimes avec les animaux, chiens, chats, etc.

Les joies qui dérivent de ces deux amours sont adaptées à la nature de ces deux amours.

MON CŒUR MIS À NU

20

Ivresse d'Humanité.
Grand tableau à faire :

Dans le sens de la charité.

Dans le sens du libertinage.

Dans le sens littéraire, ou du Comédien.

XII

MON CŒUR MIS À NU

21.

La question (torture) est, comme art de découvrir la vérité, une niaiserie barbare ; c'est l'application d'un moyen matériel à un but spirituel.

La peine de Mort est le résultat d'une idée mystique, totalement incomprise aujourd'hui. La peine de Mort n'a pas pour but de *sauver* la société, matériellement du moins. Elle a pour but de *sauver* (spirituellement) la société et le coupable. Pour que le sacrifice soit parfait, il faut qu'il y ait assentiment et joie de la part de la victime. Donner du chloroforme à un condamné à mort serait une impiété, car ce serait lui enlever la conscience de sa grandeur comme victime et lui supprimer les chances de gagner le Paradis.

Quant à la torture, elle est née de la partie infâme du cœur de l'homme, assoiffé de voluptés. Cruauté et volupté, sensations identiques, comme l'extrême chaud et l'extrême froid.

XIII

MON CŒUR MIS À NU

22.

Ce que je pense du vote et du droit d'élections. Des droits de l'homme.

Ce qu'il y a de vil dans une fonction quelconque.

Un Dandy ne fait rien.

Vous figurez-vous un Dandy parlant au peuple, excepté pour le bafouer ?

Il n'y a de gouvernement raisonnable et assuré que l'aristocratique.

Monarchie ou république, basées sur la démocratie, sont également absurdes et faibles.

Immense nausée des affiches.

Il n'existe que trois êtres respectables :

Le prêtre, le guerrier, le poète. Savoir, tuer et créer.

Les autres hommes sont taillables et corvéables, faits pour l'écurie, c'est-à-dire pour exercer ce qu'on appelle des *professions*.

XIV

MON CŒUR MIS À NU

23.

Observons que les abolisseurs de la peine de mort doivent être plus ou moins *intéressés* à l'abolir.

Souvent ce sont des guillotineurs. Cela peut se résumer ainsi : « Je veux pouvoir couper ta tête ; mais tu ne toucheras pas à la mienne ».

Les abolisseurs d'âmes (*matérialistes*) sont nécessairement des abolisseurs d'*enfer* ; ils y sont à coup sûr *intéressés*.

Tout au moins ce sont des gens qui ont *peur de revivre*, - des paresseux.

MON CŒUR MIS À NU

24.

Madame de Metternich, quoique princesse, a oublié de me répondre à propos de ce que j'ai dit d'elle et de Wagner.

Moeurs du 19e siècle.

XV

MON CŒUR MIS À NU

25.

Histoire de ma traduction d'*Edgar Poe*.

Histoire des *Fleurs du Mal*, humiliation par le malentendu, et mon procès.

Histoire de mes rapports avec tous les hommes célèbres de ce temps.

Jolis portraits de quelques imbéciles :
        Clément de Ris.
        Castagnary.

Portraits de magistrats, de fonctionnaires, de directeurs de journaux, etc.

Portrait de l'artiste, en général.

Du rédacteur en chef et de la pionnerie. Immense goût de tout le peuple français pour la pionnerie, et pour la dictature. C'est le : « si j'étais roi ! ».

Portraits et anecdotes.

François, - Buloz, - Houssaye, - le fameux Rouy, - de Calonne, - Charpentier, - qui corrige ses auteurs, en vertu de l'égalité donnée à tous les hommes par les immortels principes de 89 ; - Chevalier, véritable rédacteur en chef selon l'Empire.

XVI

MON CŒUR MIS À NU

26.

Sur George Sand.

La femme Sand est le Prudhomme de l'immoralité. Elle a toujours été moraliste.

Seulement elle faisait autrefois de la contre-morale. - Aussi elle n'a jamais été artiste.

Elle a le fameux *style coulant*, cher aux bourgeois.

Elle est bête, elle est lourde, elle est bavarde ; elle a dans les idées morales la même profondeur de jugement et la même délicatesse de sentiment que les concierges et les filles entretenues.

Ce qu'elle dit de sa mère.

Ce qu'elle dit de la poésie.

Son amour pour les ouvriers.

Que quelques hommes aient pu s'amouracher de cette latrine, c'est bien la preuve de l'abaissement des hommes de ce siècle.

Voir la préface de *Mademoiselle La Quintinie*, où elle prétend que les vrais chrétiens ne croient pas à l'Enfer. La Sand est pour le *Dieu des bonnes gens*, le dieu des concierges et des domestiques filous. Elle a de bonnes raisons pour vouloir supprimer l'Enfer.

XVII

MON CŒUR MIS À NU

27.

LE DIABLE ET GEORGE SAND.

Il ne faut pas croire que le Diable ne tente que les hommes de génie. Il méprise sans doute les imbéciles, mais il ne dédaigne pas leur concours. Bien au contraire, il fonde ses grands espoirs sur ceux-là.

Voyez George Sand. Elle est surtout, et plus que toute autre chose, une *grosse bête* ; mais elle est *possédée*. C'est le Diable qui lui a persuadé de se fier à *son bon coeur* et à *son bon sens*, afin qu'elle persuadât toutes les autres grosses bêtes de se fier à leur bon coeur et à leur bon sens.

Je ne puis penser à cette stupide créature sans un certain frémissement d'horreur. Si je la rencontrais, je ne pourrais m'empêcher de lui jeter un bénitier à la tête.

MON CŒUR MIS À NU

28.

George Sand est une de ces vieilles ingénues qui ne veulent jamais quitter les planches. J'ai lu dernièrement une préface (la préface de *Mademoiselle La Quintinie*) où elle prétend qu'un vrai chrétien ne peut pas croire à l'Enfer. Elle a de bonnes raisons pour vouloir supprimer l'Enfer.

[fragment non numéroté]

La Religion de la femme Sand. Préface de *Mademoiselle La Quintinie*. La femme Sand est intéressée à croire que l'Enfer n'existe pas.

XVIII

MON CŒUR MIS À NU

29.

Je m'ennuie en France, surtout parce que tout le monde y ressemble à Voltaire.

Emerson a oublié Voltaire dans ses *Représentants de l'humanité*. Il aurait pu faire un joli chapitre intitulé : *Voltaire, ou l'anti-poète*, le roi des badauds, le prince des superficiels, l'anti-artiste, le prédicateur des concierges, le père Gigogne des rédacteurs du *Siècle*.

MON CŒUR MIS À NU

30.

Dans *Les Oreilles du Comte de Chesterfield*, Voltaire plaisante sur cette âme immortelle qui a résidé, pendant neuf mois entre des excréments et des urines. Voltaire, comme tous les paresseux, haïssait le mystère.

Ne pouvant pas supprimer l'amour, l'Église a voulu au moins le désinfecter, et elle a fait le mariage.

XIX

MON CŒUR MIS À NU

31.

Portrait de la canaille littéraire.

Doctor Estaminétus Crapulosus, Pedantissimus. Son portrait fait à la manière de Praxitèle.

Sa pipe.

Ses opinions.

Son Hégélianisme.

Sa crasse.

Ses idées en art.

Son fiel.

Sa jalousie.

Un joli tableau de la jeunesse moderne.

MON CŒUR MIS À NU

32.

ELIEN (?)

Φαρμακοτριβης ανερ και τωντους οφεις ες τα θαυματα τρεφοντων.

Φαρμακοτριβης
ανηρ και των
τους οφεις ες
τα θαυματα
τρεφοντων.

Elien, *Histoire des animaux* (IX, 62)

« Pourquoi le poète ne serait-il pas un broyeur de poisons aussi bien qu'un confiseur, un éleveur de serpents pour miracles et spectacles ? »

Baudelaire, lettre à Jules Janin

XX

MON CŒUR MIS À NU

33.

La Théologie.

Qu'est-ce que la chute ?

Si c'est l'unité devenue dualité, c'est Dieu qui a chuté.

Au moins aurait-il pu deviner dans cette localisation une malice ou une satire de la providence contre l'amour, et, dans le mode de la génération, un signe du péché originel. De fait, nous ne pouvons faire l'amour qu'avec des organes excrémentiels.

En d'autres termes, la création ne serait-elle pas la chute de Dieu ?

Dandysme.

Qu'est-ce que l'homme supérieur ?

Ce n'est pas le spécialiste.

C'est l'homme de Loisir et d'Éducation générale.

Être riche et aimer le travail.

MON CŒUR MIS À NU

34.

Pourquoi l'homme d'esprit aime les filles plus que les femmes du monde, malgré qu'elles soient également bêtes ? - A trouver.

XXI

MON CŒUR MIS À NU

35.

Il y a de certaines femmes qui ressemblent au ruban de la Légion d'honneur. On n'en veut plus parce qu'elles se sont salies à de certains hommes.

C'est par la même raison que je ne chausserais pas les culottes d'un galeux.

Ce qu'il y a d'ennuyeux dans l'amour, c'est que c'est un crime où l'on ne peut pas se passer d'un complice.

MON CŒUR MIS À NU

36.

Étude de la grande Maladie de l'horreur du Domicile. Raisons de la Maladie. Accroissement progressif de la Maladie.

Indignation causée par la fatuité universelle, de toutes les classes, de tous les êtres, dans les deux sexes, dans tous les âges.

L'homme aime tant l'homme que quand il fuit la ville, c'est encore pour chercher la foule, c'est-à-dire pour refaire la ville à la campagne.

XXII

MON CŒUR MIS À NU

37.

Discours de Durandeau sur les Japonais. (Moi ! je suis Français avant tout). Les Japonais sont des singes. C'est Darjou qui me l'a dit.

Discours du médecin, l'ami de Mathieu, sur l'art de ne pas faire d'enfants, sur Moïse et sur l'immortalité de l'âme.

L'art est un agent civilisateur (Castagnary).

MON CŒUR MIS À NU

38.

Physionomie d'un sage et de sa famille au cinquième étage, buvant le café au lait.

Le sieur Nacquart père et le sieur Nacquart fils.

Comment le Nacquart fils est devenu conseiller en Cour d'appel.

XXIII

MON CŒUR MIS À NU

39.

De l'amour, de la prédilection des Français pour les métaphores militaires. Toute métaphore ici porte des moustaches.

Littérature militante.

Rester sur la brèche.

Porter haut le drapeau.

Tenir le drapeau haut et ferme.

Se jeter dans la mêlée.

Un des vétérans.

Toutes ces glorieuses phraséologies s'appliquent généralement à des cuistres et à des fainéants d'estaminet.

MON CŒUR MIS À NU

40.

Métaphores françaises.

Soldat de la presse judiciaire (Bertin).

La presse militante.

41.

A ajouter aux métaphores militaires :

Les poètes de combat.

Les littérateurs d'avant-garde.

Ces habitudes de métaphores militaires dénotent des esprits, non pas militants, mais faits pour la discipline, c'est-à-dire pour la conformité, des esprits nés domestiques, des esprits belges, qui ne peuvent penser qu'en société.

XXIV

MON CŒUR MIS À NU

42.

Le goût du plaisir nous attache au présent. Le soin de notre salut nous suspend à l'avenir.

Celui qui s'attache au plaisir, c'est-à-dire au présent, me fait l'effet d'un homme roulant sur une pente, et qui voulant se raccrocher aux arbustes, les arracherait et les emporterait dans sa chute.

Avant tout, Etre *un grand homme* et *un Saint* pour soi-même.

MON CŒUR MIS À NU

43.

De la haine du peuple contre la beauté.

Des exemples.

Jeanne et Mme Muller.

XXV

MON CŒUR MIS À NU

44.

POLITIQUE.

En somme, devant l'histoire et devant le peuple français, la grande gloire de Napoléon III aura été de prouver que le premier venu peut, en s'emparant du télégraphe et de l'Imprimerie nationale, gouverner une grande nation.

Imbéciles sont ceux qui croient que de pareilles choses peuvent s'accomplir sans la permission du peuple, - et ceux qui croient que la gloire ne peut être appuyée que sur la vertu !

Les dictateurs sont les domestiques du peuple, - rien de plus, - un foutu rôle d'ailleurs, - et la gloire est le résultat de l'adaptation d'un esprit avec la sottise nationale.

MON CŒUR MIS À NU

45.

Qu'est-ce que l'amour ?

Le besoin de sortir de soi.

L'homme est un animal adorateur.

Adorer, c'est se sacrifier et se prostituer.

Aussi tout amour est-il prostitution.

MON CŒUR MIS À NU   [fragment non numéroté]

L'être le plus prostitué, c'est l'être par excellence, c'est Dieu, puisqu'il est l'ami suprême pour chaque individu, puisqu'il est le réservoir commun, inépuisable, de l'amour.

[Fragment non numéroté]

PRIÈRE

Ne me châtiez pas dans ma mère et ne châtiez pas ma mère à cause de moi. - Je vous recommande les âmes de mon père et de Mariette. - Donnez-moi la force de faire immédiatement mon devoir tous les jours et de devenir ainsi un héros et un Saint.

XXVI

MON CŒUR MIS À NU

46.

Un chapitre sur l'indestructible, éternelle, universelle et ingénieuse férocité humaine.

De l'amour du sang.

De l'ivresse du sang.

De l'ivresse des foules.

De l'ivresse du supplicié (Damiens).

MON CŒUR MIS À NU

47.

Il n'y a de grand parmi les hommes que le poète, le prêtre et le soldat, l'homme qui chante, l'homme qui bénit, l'homme qui sacrifie et se sacrifie.

Le reste est fait pour le fouet.

Défions-nous du peuple, du bon sens, du coeur, de l'inspiration, et de l'évidence.

XXVII

MON CŒUR MIS À NU

48.

J'ai toujours été étonné qu'on laissât les femmes entrer dans les églises. Quelle conversation peuvent-elles tenir avec Dieu ?

L'éternelle Vénus (caprice, hystérie, fantaisie) est une des formes séduisantes du Diable.

Le jour où le jeune écrivain corrige sa première épreuve, il est fier comme un écolier qui vient de gagner sa première vérole.

Ne pas oublier un grand chapitre sur l'art de la divination, par l'eau, les cartes, l'inspection de la main, etc.

MON CŒUR MIS À NU

49.

La femme ne sait pas séparer l'âme du corps. Elle est simpliste, comme les animaux. - Un satirique dirait que c'est parce qu'elle n'a que le corps.

Un chapitre sur

La *Toilette*.

Moralité de la Toilette

Les bonheurs de la Toilette.

XXVIII

MON CŒUR MIS À NU

50.

De la cuistrerie.

    des professeurs
    des juges
    des prêtres

et des ministres.

Les jolis grands hommes du jour.

Renan.
Feydeau.
Octave Feuillet.
Scholl.

Les directeurs de journaux, François Buloz, Houssaye, Rouy, Girardin, Texier, de Calonne, Solar, Turgan, Dalloz.

- Liste de canailles, Solar en tête.

MON CŒUR MIS À NU

51.

Être un grand homme et un saint *pour soi-même,* voilà l'unique chose importante.

XXIX

MON CŒUR MIS À NU

52.

Nadar, c'est la plus étonnante expression de vitalité. Adrien me disait que son frère Félix avait tous les viscères en double. J'ai été jaloux de lui à le voir si bien réussir dans tout ce qui n'est pas l'abstrait.

Veuillot est si grossier et si ennemi des arts qu'on dirait que toute la Démocratie du monde s'est réfugiée dans son sein.

Développement du portrait.

Suprématie de l'idée pure, chez le chrétien comme chez le communiste babouviste.

Fanatisme de l'humilité. Ne pas même aspirer à comprendre la Religion.

MON CŒUR MIS À NU

53.

Musique.

De l'esclavage.

Des femmes du monde.

Des filles.

Des magistrats.

Des sacrements.

L'homme de lettres est l'ennemi du monde.

Des bureaucrates.

XXX

MON CŒUR MIS À NU

54.

Dans l'amour comme dans presque toutes les affaires humaines, l'entente cordiale est le résultat d'un malentendu. Ce malentendu, c'est le plaisir. L'homme crie : « O ! mon ange ! » La femme roucoule : « Maman ! maman ! Et ces deux imbéciles sont persuadés qu'ils pensent de concert. - Le gouffre infranchissable, qui fait l'incommunicabilité, reste infranchi.

MON CŒUR MIS À NU

55.

Pourquoi le spectacle de la mer est-il si infiniment et si éternellement agréable ?

Parce que la mer offre à la fois l'idée de l'immensité et du mouvement. Six ou sept lieues représentent pour l'homme le rayon de l'infini. Voilà un infini diminutif. Qu'importe s'il suffit à suggérer l'idée de l'infini total ? Douze ou quatorze lieues (sur le diamètre), douze ou quatorze de liquide en mouvement suffisent pour donner la plus haute idée de beauté qui soit offerte à l'homme sur son habitacle transitoire.

XXXI

MON CŒUR MIS À NU

56.

Il n'y a rien d'intéressant sur la terre que les religions.

Qu'est-ce que la Religion universelle ? (Chateaubriand, de Maistre, les Alexandrins, Capé).

Il y a une Religion Universelle faite pour les Alchimistes de la Pensée, une Religion qui se dégage de l'homme, considéré comme mémento divin.

MON CŒUR MIS À NU

57.

Saint-Marc Girardin a dit un mot qui restera : *Soyons médiocres*.

Rapprochons ce mot de celui de Robespierre : Ceux qui ne croient pas à l'immortalité de leur être se rendent justice ».

Le mot de Saint-Marc G[irardin] implique une immense haine contre le sublime.

Qui a vu S[ain]t-M[arc] G[irardin] marcher dans la rue a conçu tout de suite l'idée d'une grande oie infatuée d'elle-même, mais effarée et courant sur la grande route, devant la diligence.

XXXII

MON CŒUR MIS À NU

58.

Théorie de la vraie civilisation.

Elle n'est pas dans le gaz, ni dans la vapeur, ni dans les tables tournantes, elle est dans la diminution des traces du péché originel.

Peuples nomades, pasteurs, chasseurs, agricoles et même anthropophages, *tous* peuvent être supérieurs par l'énergie, par la dignité personnelles, à nos races d'Occident.

Celles-ci peut-être seront détruites.

Théocratie et communisme.

MON CŒUR MIS À NU

59.

C'est par le loisir que j'ai, en partie, grandi.

A mon grand détriment ; car le loisir, sans fortune, augmente les dettes, les avanies résultant des dettes.

Mais à mon grand profit, relativement à la sensibilité, à la méditation, et à la faculté du dandysme et du dilettantisme.

Les autres hommes de lettres sont, pour la plupart, de vils piocheurs très ignorants.

XXXIII

MON CŒUR MIS À NU

60.

La jeune fille des éditeurs.

La jeune fille des rédacteurs en chef.

La jeune fille épouvantail, monstre, assassin de l'art.

La jeune fille, ce qu'elle est en réalité.

Une petite sotte et une petite salope ; la plus grande imbécillité unie à la plus grande dépravation.

Il y a dans la jeune fille toute l'abjection du voyou et du collégien.

MON CŒUR MIS À NU

61.

Avis aux non-communistes :

Tout est commun, même Dieu.

XXXIV

MON CŒUR MIS À NU

62.

Le Français est un animal de basse-cour, si bien domestiqué qu'il n'ose franchir aucune palissade. Voir ses goûts en art et en littérature.

C'est un animal de race latine ; l'ordure ne lui déplaît pas dans son domicile, et en littérature, il est scatophage. Il raffole des excréments. Les littérateurs d'estaminet appellent cela le *sel gaulois*.

Bel exemple de la bassesse française, de la nation qui se prétend indépendante avant toutes les autres.

L'extrait suivant du beau livre de M. de Vaulabelle suffira pour donner une idée de l'impression que fit l'évasion de Lavalette sur la portion la moins éclairée du parti royaliste :
« L'emportement royaliste, à ce moment de la seconde Restauration, allait pour ainsi dire, jusqu'à la folie. La jeune Joséphine de Lavalette faisait son éducation dans l'un des principaux couvents de Paris (l'Abbaye-aux-Bois) ; elle ne l'avait quitté que pour venir embrasser son père. Lorsqu'elle rentra après l'évasion et que l'on connut la part bien modeste qu'elle y avait prise, une immense clameur s'éleva contre cette enfant ; les religieuses et ses compagnes la fuyaient, et bon nombre de parents déclarèrent qu'ils retireraient leurs filles si on la gardait. Ils ne voulaient pas, disaient-ils, laisser leurs enfants en contact avec une jeune personne qui avait tenu une pareille conduite et donné un pareil exemple. Quand Mme de Lavalette, six semaines après, recouvra la liberté, elle fut obligée de reprendre sa fille ».

XXXV

MON CŒUR MIS À NU

63.

Princes et générations.

Il y a une égale injustice à attribuer aux princes régnants les mérites et les vices du peuple actuel qu'ils gouvernent.

Ces mérites et ces vices sont presque toujours, comme la statistique et la logique le pourraient démontrer, attribuables à l'atmosphère du gouvernement précédent.

Louis XIV hérite des hommes de Louis XIII.. Gloire.

Napoléon Ier hérite des hommes de la République. Gloire.

Louis-Philippe hérite des hommes de Charles X. Gloire.

Napoléon III hérite des hommes de Louis-Philippe. Déshonneur.

C'est toujours le gouvernement précédent qui est responsable des moeurs du suivant, en tant qu'un gouvernement puisse être responsable de quoi que ce soit.

Les coupures brusques que les circonstances font dans les règnes ne permettent pas que cette loi soit absolument exacte, relativement au temps. On ne peut pas marquer exactement où finit une influence - mais cette influence subsistera dans toute la génération qui l'a subie dans sa jeunesse.

XXXVI

MON CŒUR MIS À NU

64.

De la haine de la jeunesse contre les citateurs. Le citateur est pour eux un ennemi.

Je mettrai l'orthographe même sous la main du bourreau. (Th. Gautier).

Beau tableau à faire : la Canaille Littéraire.

Ne pas oublier un portrait de Forgues, le Pirate, l'Ecumeur de Lettres.

Goût invincible de la prostitution dans le coeur de l'homme, d'où naît son horreur de la solitude. - Il veut être *deux*. L'homme de génie veut être *un*, donc solitaire.

La gloire, c'est rester *un*, et se prostituer d'une manière particulière.

C'est cette horreur de la solitude, le besoin d'oublier son *moi* dans la chair extérieure, que l'homme appelle noblement *besoin d'aimer*.

Deux belles religions, immortelles sur les murs, éternelles obsessions du peuple : une pine (le phallus antique) - et « Vive Barbès ! » ou « A bas Philippe ! » ou « Vive la République ! ».

XXXVII

65.

Étudier dans tous ses modes, dans les oeuvres de la nature et dans les oeuvres de l'homme, l'universelle et éternelle loi de la gradation, du *peu à peu*, du *petit à petit*, avec les forces progressivement croissantes, comme les intérêts composés, en matière de finances.

Il en est de même dans *l'habileté artistique et littéraire*, il en est de même dans le trésor variable de la *volonté*.

MON CŒUR MIS À NU

66.

La cohue des petits littérateurs, qu'on voit aux enterrements, distribuant des poignées de mains, et se recommandant à la mémoire du faiseur de *courriers*.

De l'enterrement des hommes célèbres.

MON CŒUR MIS À NU

67.

Molière. Mon opinion sur *Tartuffe* est que ce n'est pas une comédie, mais un pamphlet. Un athée, s'il est simplement un homme bien élevé, pensera, à propos de cette pièce, qu'il ne faut jamais livrer certaines questions graves à la canaille.

XXXVIII

MON CŒUR MIS À NU

68.

Glorifier le culte des images (ma grande, mon unique, ma primitive passion).

Glorifier le vagabondage et ce qu'on peut appeler le Bohémianisme, culte de la sensation multipliée, s'exprimant par la musique. En référer à Liszt.

De la nécessité de battre les femmes.

On peut châtier ce que l'on aime. Ainsi les enfants. Mais cela implique la douleur de mépriser ce que l'on aime.

Du cocuage et des cocus.

La douleur du cocu.

Elle naît de son orgueil, d'un raisonnement faux sur l'honneur et sur le bonheur, et d'un amour niaisement détourné de Dieu pour être attribué aux créatures.

C'est toujours l'animal adorateur se trompant d'idole.

MON CŒUR MIS À NU

69.

Analyse de l'imbécillité insolente. Clément de Ris et Paul Pérignon.

XXXIX

MON CŒUR MIS À NU

70.

Plus l'homme cultive les arts, moins il bande.

Il se fait un divorce de plus en plus sensible entre l'esprit et la brute.

La brute seule bande bien, et la fouterie est le lyrisme du peuple.

Foutre, c'est aspirer à entrer dans un autre, et l'artiste ne sort jamais de lui-même.

J'ai oublié le nom de cette salope... ah ! bah ! je le retrouverai au jugement dernier.

La musique donne l'idée de l'espace.

Tous les arts, plus ou moins ; puisqu'ils sont *nombre* et que le nombre est une traduction de l'espace.

Vouloir tous les jours être le plus grand des hommes !!!

MON CŒUR MIS À NU

71.

Étant enfant, je voulais être tantôt pape, mais pape militaire, tantôt comédien.

Jouissances que je tirais de ces deux hallucinations.

XL

MON CŒUR MIS À NU

72.

Tout enfant, j'ai senti dans mon cœur deux sentiments contradictoires, l'horreur de la vie et l'extase de la vie.

C'est bien le fait d'un paresseux nerveux.

73.

Les nations n'ont de grands hommes que malgré elles.

A propos du comédien et de mes rêves d'enfance, un chapitre sur ce qui constitue, dans l'âme humaine, la vocation du comédien, la gloire du comédien, l'art du comédien, et sa situation dans le monde.

La théorie de Legouvé. Legouvé est-il un farceur froid, un Swift, qui a essayé si la France pouvait avaler une nouvelle absurdité   ?

Son choix. Bon, en ce sens que Samson n'est pas un comédien.

De la vraie grandeur des parias.

Peut-être même, la vertu nuit-elle aux talents des parias.

XLI

MON CŒUR MIS À NU

74.

Le commerce est, par son essence, *satanique*.

- Le commerce, c'est le prêté-rendu, c'est le prêt avec le sous-entendu : *Rends-moi plus que je ne te donne.*

- L'esprit de tout commerçant est complètement vicié.

- Le commerce est *naturel, donc* il est *infâme.*

- Le moins infâme de tous les commerçants, c'est celui qui dit : Soyons vertueux pour gagner beaucoup plus d'argent que les sots qui sont vicieux.

- Pour le commerçant, l'honnêteté elle-même est une spéculation de lucre.

- Le commerce est satanique, parce qu'il est une des formes de l'égoïsme, et la plus basse et la plus vile.

MON CŒUR MIS À NU

75.

Quand Jésus-Christ dit : « Heureux ceux qui sont affamés, car ils seront rassasiés », Jésus-Christ fait un calcul de probabilités.

XLII

MON CŒUR MIS À NU

76.

Le monde ne marche que par le Malentendu.

- C'est par le Malentendu universel que tout le monde s'accorde.

- Car si, par malheur, on se comprenait, on ne pourrait jamais s'accorder.

L'homme d'esprit, celui qui ne s'accordera jamais avec personne, doit s'appliquer à aimer la conversation des imbéciles et la lecture des mauvais livres. Il en tirera des jouissances amères qui compenseront largement sa fatigue.

MON CŒUR MIS À NU

77.

Un fonctionnaire quelconque, un ministre, un directeur de théâtre ou de journal, peuvent être quelquefois des êtres estimables, mais ils ne sont jamais divins. Ce sont des personnes sans personnalité, des êtres sans originalité, nés pour la fonction, c'est-à-dire pour la domesticité publique.

XLIII

MON CŒUR MIS À NU

78.

Dieu et sa profondeur.

On peut ne pas manquer d'esprit et chercher dans Dieu le complice et l'ami qui manquent toujours. Dieu est l'éternel confident dans cette tragédie dont chacun est le héros. Il y a peut-être des usuriers et des assassins qui disent à Dieu : « Seigneur, faites que ma prochaine opération réussisse ! » Mais la prière de ces vilaines gens ne gâte pas l'honneur et le plaisir de la mienne.

MON CŒUR MIS À NU

79.

Toute idée est, par elle-même, douée d'une vie immortelle, comme une personne.

Toute forme créée, même par l'homme, est immortelle. Car la forme est indépendante de la matière, et ce ne sont pas les molécules qui constituent la forme.

Anecdotes relatives à Émile Douay et à Constantin Guys, détruisant ou plutôt croyant détruire leurs oeuvres.

XLIV

MON CŒUR MIS À NU

80.

Il est impossible de parcourir une gazette quelconque, de n'importe quel jour ou quel mois ou quelle année, sans y trouver à chaque ligne les signes de la perversité humaine la plus épouvantable, en même temps que les *vanteries* les plus surprenantes de probité, de bonté, de charité, et les affirmations les plus effrontées relatives au progrès et à la civilisation.

Tout journal, de la première ligne à la dernière, n'est qu'un tissu d'horreurs. Guerres, crimes, vols, impudicités, tortures, crimes des princes, crimes des nations, crimes des particuliers, une ivresse d'atrocité universelle.

Et c'est de ce dégoûtant apéritif que l'homme civilisé accompagne son repas de chaque matin. Tout, en ce monde, sue le crime : le journal, la muraille et le visage de l'homme.

Je ne comprends pas qu'une main puisse toucher un journal sans une convulsion de dégoût.

XLV

MON CŒUR MIS À NU

81.

La force de l'amulette démontrée par la philosophie. Les sols percés, les talismans, les souvenirs de chacun.

Traité de Dynamique morale.
De la vertu des sacrements.

Dès mon enfance, tendance à la mysticité. Mes conversations avec Dieu.

MON CŒUR MIS À NU

82.

De l'Obsession, de la Possession, de la prière et de la Foi.

Dynamique morale de Jésus.

(Renan trouve ridicule que Jésus croie à la toute-puissance, même matérielle, de la Prière et de la Foi).

Les sacrements sont les moyens de cette Dynamique.

De l'infamie de l'imprimerie, grand obstacle au développement du Beau.

Belle conspiration à organiser pour l'extermination de la Race Juive.

Les Juifs, *Bibliothécaires* et témoins de la *Rédemption*.

XLVI

MON CŒUR MIS À NU

83.

Tous les imbéciles de la Bourgeoisie qui prononcent sans cesse les mots : « immoral, immoralité, moralité dans l'art » et autres bêtises me font penser à Louise Villedieu, putain à cinq francs, qui m'accompagnant une fois au Louvre, où elle n'était jamais allée, se mit à rougir, à se couvrir le visage, et me tirant à chaque instant par la manche, me demandait, devant les statues et les tableaux immortels, comment on pouvait étaler publiquement de pareilles indécences.

Les feuilles de vigne du sieur Nieuwerkerke.

XLVII

MON CŒUR MIS À NU

84.

Pour que la loi du progrès existât, il faudrait que chacun voulût la créer ; c'est-à-dire que quand tous les individus s'appliqueront à progresser, alors, et seulement alors, l'humanité sera en progrès.

Cette hypothèse peut servir à expliquer l'identité des deux idées contradictoires, liberté et fatalité. - Non seulement il y aura, dans le cas de progrès, identité entre la liberté et la fatalité, mais cette identité a toujours existé. Cette identité c'est l'*histoire*, histoire des nations et des individus.

XLVIII

MON CŒUR MIS À NU

85.

Sonnet à citer dans *Mon coeur mis à nu.*

Citer également la pièce sur *Roland.*

> *Je songeais cette nuit que Philis revenue,*
> *Belle comme elle était à la clarté du jour,*
> *Voulait que son fantôme encore fît l'amour,*
> *Et que, comme Ixion, j'embrassasse une nue.*

Son ombre dans mon lit se glisse toute nue,
Et me dit : « Cher Damon, me voici de retour ;
Je n'ai fait qu'embellir en ce triste séjour
Où depuis mon départ le Sort m'a retenue.

« Je viens pour rebaiser le plus beau des amants ;
Je viens pour remourir dans tes embrassements ! »
Alors, quand cette idole eut abusé ma flamme,

Elle me dit : « Adieu ! Je m'en vais chez les morts.
Comme tu t'es vanté d'avoir foutu mon corps,
Tu pourras te vanter d'avoir foutu mon âme. »

Parnasse satyrique.

Je crois que ce sonnet est de Maynard.

Malassis prétend qu'il est de Racan.

Table des matières